AF275631

ENSUEÑOS BAJO LA SOMBRA DE UN VIEJO PINO CONFITERO

Roberto Alcolea Gil

COLECCIÓN ITES

ENSUEÑOS BAJO LA SOMBRA
DE UN VIEJO PINO CONFITERO

© Roberto Alcolea Gil
© Corrección: Paloma Albarracín
© de esta edición: Olé Libros, 2025

ISBN: 979-13-87951-31-3
Depósito legal: V-5428-2025
Impreso en España

KALOSINI, S. L.
Grupo editorial olélibros
equipo@olelibros.com
www.olelibros.com

A mi abuela, a mi madre, a mi hija,
Nieves que han perfumado mi vida.

PRÓLOGO

Los pitagóricos creían en la participación de la interferencia divina a través de los sueños. También en el Antiguo Testamento tenemos referencias sobradas de ello. Platón, así como otros filósofos griegos, pensaba que los sueños ejercían cierto influjo sobre el alma. Definió los sueños como la sombra de una sombra, fantasmas producidos por imágenes de objetos reales y sensibles, en ellos, placer y sufrimiento son en sí mismos muy reales, impulsos naturales que no puede sujetar la razón.

El ensueño como un mundo de ficción, donde el espacio y el tiempo se distorsionan, donde afloran nuestras ambivalencias y contradicciones, donde se representan deseos, anhelos y miedos inconscientes en respuesta a múltiples señales aleatorias, dentro de una experiencia sensorial y emocional, que pretende superar la ancestral tensión entre el libre albedrío y el destino, proyectándose reflejos desde nuestro interior.

En lo referente a la plasmación técnica del poema, se ha empleado una serie de unidades conformadas de doce versos cada uno de ellos intenta expresar una metarrealidad; una suerte de materia eterna que se sobrepone a la nada.

El poema de doce versos responde a un reto personal, un esfuerzo por limitar la extensión del poema y conseguir, en su brevedad, transmitir la máxima expresión de las reflexiones sobre los sentimientos oníricos que nos brinda la vida. Configurar su contenido en la asociación de palabras, ideas e imágenes, que, de forma concisa y desde una perspectiva, personal ambigua y subjetiva, aborden un contenido clásico en la poesía: la singular reflexión emocional sobre el amor, la vida y la muerte.

Como se ha dicho al comienzo, lo onírico y la divinidad siempre han estado conectados y el número doce (12) posee su propia faceta mágica en su incrustación como referente en la extensión del poema. En el campo espiritual se ha sostenido que los sueños y el número doce tienen una íntima conexión con la divinidad.

La fascinación por el número doce como símbolo de la perfección está presente en la historia, en hitos tan conocidos como los siguientes:

Los doce signos del zodíaco; doce es la base de la medición de tiempo en calendarios y relojes; doce eran los dioses del Olimpo; doce los trabajos de Hércules; doce los caballeros de la mesa redonda; doce la graduación de la circunferencia; el cuerpo humano cuenta con doce pares craneales; el número de teclas de función de la mayoría de los teclados de ordenador es doce (F1, ..., F12), la escala cromática tiene doce notas musicales; La Biblia habla de doce tribus de Israel, de las doce puertas de la Jerusalén celestial, de los doce apóstoles que acompañaron a Jesús; entre otras muchas referencias que no es conveniente agotar por la falta de espacio y no ser el objeto de la obra poética.

I

El amor ama la locura,
habita lugares adonde no se vuelve.
Puede parecerlo, pero no es un eco,
neblina entre la pasión y la realidad,
entre ellos siempre existirá un abismo.
Y los ensueños, sus atajos
convertidos en paraísos repetitivos,
en celdas de mística expiación,
confinamientos de máxima seguridad,
lugares inexpugnables para la razón.
Donde los deseos vagan fantasmales,
sus secretos no pueden huir.

II

Remembranza de un amor sempiterno,
la creencia de un sentimiento imperecedero,
con cara y sonrisa adolescente,
no pudo durar una vida.
No se dieron la oportunidad,
concederse el tiempo conveniente
para enamorarse de verdad.
Se amaron en el silencio de la ausencia.
Ahora sus ensueños se buscan,
se miran a los ojos, se sonríen,
musitarán sobre sus sentimientos,
el despertar los inundará de olvido.

III

Se quedaron dormidos los recuerdos
entre mis manos y el anochecer,
vencidos por el sueño del tiempo,
ignorados tus silencios, tus desprecios.
Hemos perdido la edad y el cuidado,
nuestras alas ya no tienen vuelo,
somos un viejo regalo empaquetado
de amarillo celofán, lleno de polvo.
En mis ensueños, tus ojos de gata vuelven,
una neblina gris los envuelve,
cenizas de un antiguo amor.
Aún la noche murmura tu nombre.

IV

El aire bisbisea tu nombre,
estimula en mí una olvidada sensación.
Siento tu aroma a mí alrededor,
aquella fragancia tuya tan sutil
acaricia ahora mi aturdida memoria.
Me sabe a tiempo y jazmín.
El ocre ocaso se filtra por la cortina,
no dice nada, solo refulge,
camina cansado a un viejo lugar,
un arcano que solo él conoce, lo guía,
un sitio eterno donde no existe la noche,
un lugar donde no cabe el olvido.

V

De nuevo vuelvo a caminar en ensueños
aquellas nuestras doradas calles,
las de la vieja juventud.
A cada paso me tropiezo,
me topo con algún recuerdo.
Agazapados me aguardan pacientes,
escondidos en cualquier esquina,
en los soportales, en los callejones.
Noto el perfume de tu mirada
siento tu eco tras las persianas.
Sus visillos me ocultan tus ojos,
como entonces, cuando rondaba tu ventana.

VI

Sin levantar la cara caminaba.
Mientras rebasaba nervioso tu casa,
sentía una fina lluvia en mi cuello,
los alfileres de tu mirada me acertaban.
Recuerdo un día que iba despistado,
me tropecé de frente con tu rostro,
el corazón me dio un respingo.
Apenas podía decirte algo,
me invadió una sensación de ridículo,
me sentí descubierto, me miraste con indiferencia,
volví con timidez la cara para verte,
me cazaste en un rápido ademán.

VII

El ensueño disipa la incredulidad,
a veces lo convierte en más sencillo,
dispara la expresión de sus ojos
suspendidos en una antigua imagen.
Una reminiscencia ahora rescatada,
la de unos labios rosados y blandos,
en un espacio diferente, parecido,
un lugar donde nada ha cambiado.
La luz era la misma de entonces,
suspendida en un vaporoso destello,
a la espera de una ocasión.
La oscuridad se refleja en esa palidez.

VIII

Afuera el sonido ronco del tráfico,
tamizado por las cortinas de la habitación,
de un verde relajado de atardecer,
como polen suspendido en el aire,
flotando visible en el cálido ambiente.
Suena a música de otra época,
melodía mezclada entre los corpúsculos,
acentuada por un silencio cómplice,
donde las miradas son despedidas,
inocentes y más torpes de lo esperado,
más perturbadoras de lo que debían,
cuando las ausencias son eternas.

IX

Los días eran de una persistencia inconcebible,
unas semanas se convertían en una eternidad,
la vida adolescente vibraba a fuego lento.
Todo a nuestro alrededor era indestructible,
hasta nosotros nos sentíamos de ese modo.
Un porvenir sin un calendario previsible,
un futuro sin regreso, sin abismos.
Intuíamos un camino ancho y blando
de la mirada del uno en el otro,
a todos, por el incipiente deseo,
enganchados por la ebriedad del presente,
una atención distraída entre dos.

X

El ensueño me lleva lejos del ruido cotidiano,
a salvo de cualquier tarea diaria,
de vecinos aporreadores de puertas,
de malcasados que vocean a toda hora.
Los recuerdos recién nacidos me acunan,
unos revolotean a mi alrededor,
otros se escapaban al pensarlos,
la mayoría merodean en mi presencia,
alguno se perdía por la habitación contigua,
todos se agolpaban cerca de tu sonrisa,
con su aliento rescata aromas por acariciar,
a los olores de flores frescas de un beso.

XI

Otros recuerdos perdidos, perviven,
brujulean entre la piel y el vello,
preservados en un rincón acorazado,
en el álbum infalible del deseo,
sellado por aquel perfume a flores frescas
de aroma a lluvia primaveral,
sedosos pétalos de colores pastel,
decoradores frecuentes de los ensueños
con despertares de desconsolados cansancios,
de verdades escondidas en algún rincón,
imágenes cargadas de vida, a la espera
de una poderosa verosimilitud.

XII

Camino ebrio por descubrir mi próxima ensoñación,
un extraño vértigo me impulsa a deambular,
noche tras noche, las mismas calles,
arrastrando el peso muerto del pasado.
El remordimiento me atrapa en sus dedos,
manos ansiosas, ataduras enrevesadas.
Sentimiento de huida, de escapar de todo,
ir dejando trozos de mí en el camino,
soltar fidelidades y lealtades sin odiar,
desprenderse del catálogo de las mentiras,
cansado de fingir con la misma cara,
de amores retrospectivos que alimentan soledades.

XIII

Sueño ser viejo para amar.
El tiempo me ha pillado,
un trance que sabía iba a llegar,
ahora parece más corto de lo imaginado.
Los años parecen más largos vistos hacia adelante,
dan la impresión de estar aún muy lejanos,
una vez consumidos resultan livianos.
Se presiente ya el día de cobro,
un pago inaplazable, no cabe morosidad.
El remordimiento me atrapa en sus dedos,
soltar fidelidades y lealtades sin odiar,
alimentar mi soledad con los amores retrospectivos.

XIV

Los ensueños camuflan la realidad,
proximidad consoladora del pasado,
imágenes y sombras de otras almas,
desvelos en nuestros dormidos sueños,
una muerte lúcida a veces deseada,
espejismos disipados a espasmódicos saltos,
abandonados a los humos melancólicos
del inquietante desgaste de lo soñado.

El tiempo los oxida, los modula,
los conforma a su conveniencia,
los desvencija como a un viejo torreón,
los aniquila y los tritura en polvo de memoria.

XV

Son cenizas de imágenes fantasmales,
vagan deshilachadas como rancio humo,
figuras fundidas en aromas familiares,
habitadas por desconocidos entrañables,
furtivos de una epidemia terminal,
con ojos de ladrones de la noche,
expulsados de un mundo hostil.

Habitan en un limbo caprichoso,
casi tan insolente como su juventud,
otrora con pujanza física, con belleza,
invalidado por el barullo colectivo,
indiferentes a todo los que le es extraño.

XVI

Ensueños torpes e inocentes,
donde las miradas son despedidas,
más perturbadoras de lo debido,
donde las ausencias son eternas,
ocupando todo el espacio disponible,
donde su amplitud es arrollada
por un arcano ímpetu de inmortalidad.
Prisionero de un futuro sin regreso,
de una existencia convertida en pesadilla,
noche a noche con desveladores delirios,
imágenes descoyuntadas, caras fragmentadas,
por las líneas rotas de un viejo espejo.

XVII

Percepciones quebradas por los años,
desconocidos actores en la historia.
Un coma espiritual aletargado,
tan lejano y cercano a mí mismo,
del que nunca se llega a despertar del todo.
Envueltos en pesadillas furtivas,
burdos anclajes de otras realidades,
nunca percibidas en su totalidad.
Todas tienen su frío invernal,
la sequedad del lacónico amanecer,
como una sonrisa sardónica
en los labios de una mujer desconocida.

XVIII

Rememorar un pasaje vital
es un abrazo sin calor de madre,
una pasión descolorida, sin palabras,
donde la tenue luz de mil farolas
vigila los pasos del caminante,
quien pasea todas las noches pisando
las mismas aceras, evitando los mismos huecos,
a modo de oración diaria.

Pasos sin rumbo, sin destino,
se dirigen a la misma esquina,
siempre a la misma hora,
hasta tropezar con mismo muro de ladrillo.

XIX

La ensoñación recorta el paisaje al peregrino,
acude a una cita clandestina, a ciegas.
Una ventana clarea a la calle,
invisible a unos ojos que nos vigilan,
observan desde la impunidad de la cortina,
desde donde se otean las sombras,
esas errantes que caminan las calles,
sin rumbo fijo, sin deseo alguno.
Navegar es lo único importante,
la imaginación dicta la travesía
supone tratar de superar las limitaciones,
las inevitables maquinaciones de la realidad.

XX

Sueño con sus labios siempre a punto
de besarme, de decir algo inesperado,
que ya viene demorándose sin sentido.
Aún sigo secuestrado por su boca,
me retiene su descarada mirada,
el simple deseo, la pura necesidad.
Me hipnotiza cuando se mesa el cabello,
mientras mira de forma perversa,
tratando de recomponer su gesto.
Una realidad siempre impenetrable,
habitada por una dulzura felina,
alumbrada por un fulgor incandescente.

XXI

Lo percibo con una claridad cercana,
donde las sombras viven al acecho,
escondidas en una penumbra movediza.
Silencio viejo, preservador de intimidades,
defensa contra la insaciable avidez humana,
confesiones de escondidos secretos,
de los callados en todo este tiempo.
Confidencias llenas de reproches,
al chantaje cotidiano de la realidad,
a las fantasías estéticas soportadas,
a las efusiones mendaces de sentimientos,
donde la envidia ejercita su oficio.

XXII

A veces, después de un sueño inquieto,
surgió un precioso amanecer,
regalo súbito del silencioso día,
belleza desdibujada al instante,
materia frágil al pensamiento,
huidiza como la mala conciencia,
desaparecida por herida de deslealtad,
tras una claridad blanca de cortinas,
de un ventanal herido de otoño,
donde se difuminan los efluvios,
los detalles sutiles, como ciego humo,
difíciles de evocar despierto.

XXIII

Ocurría durante algunas noches insomnes,
justo antes del rocío del amanecer,
vencidos mis ojos al cansancio.
Impregnado el ambiente de fantasmas,
cuyas costuras deshilachaba el alba,
amanezco entre sábanas de piedra
en un agónico y prolongado despertar,
envuelto en un celofán de quietud,
abarrotado de íntimas sensaciones
con huella de pasaje literario,
con quedas melodías edulcoradas,
como adivinanzas flotantes en el aire.

XXIV

Somnolencia de palabras murmuradas,
sombras de labios apenas perceptibles
susurran un no sé qué al oído,
como quien golpea suave una puerta,
unas aldabas de sensual fulgor,
con aire de torpe clandestinidad.
Las miradas de complicidad
descubrían un vínculo excluyente,
vals de fascinación mutua,
un espacio secreto solo para dos,
donde el tiempo, vigilante forzado,
observa la sensación de nadería.

XXV

Ensueños con delirios de inquietud,
vestigios de una vida de impaciencias,
mezclada de una manera apetitosa
en esos labios que recito de memoria,
y el tiempo aún no los ha mancillado,
continúan a salvo de la intemperie vital
con una dignidad casi patricia.
Donde mi mirada se quedaba absorta,
el deseo surgía como una catarata,
con la trasparencia del agua de un lago.
La intrepidez de un alegre arroyo
Perdido entre la espesura de un bosque.

XXVI

En la música callada del duermevela,
la memoria interpreta su melodía,
los recuerdos la desdibujan con los años.
Su semblante, sus dorados rizos se deshacen
como el rumor de las hojas en otoño.
Notas de una vieja partitura
interpretada por el ocre viento oeste.
Sombra perfumadora de caducos anhelos,
revelación de una belleza única,
como un fruto madurado al sol,
dulce y ácido a la vez,
delicado y áspero en boca.

XXVII

Con cierta ceremonia estudiada,
como si de un ritual se tratase,
he vuelto a comprobar la hora,
una rápida mirada al reloj.
El tiempo vuela cuando hablo solo,
se desprende de mí sin sentirlo,
casi sin darme cuenta,
perdido distraídamente, sin dolor.
Al momento, siento un cierto vértigo,
quedo en suspenso, colgado de la nada.
El despertar invita a algo más
que estar cautivo en una cierta expectativa.

XXVIII

Los ensueños se forman con recuerdos,
se disipa el estado de ánimo.
Es un juego contra el insomnio,
una penosa apatía residual,
querer despertar de un dulce letargo,
un estado de confort sedante,
la de un artista embobado
en un ínfimo detalle de su obra.
Sentir la vida suspendida,
fascinado sin razón alguna,
sin rastro de emoción alguna.
Parecía estar desdoblado de mí.

XXIX

Siento el vértigo de lo irremediable,
una ola que todo lo arrastra,
un náufrago rodeado de mar
sin poder regresar a tierra firme,
envuelto en una nube de apatía.
Es un sueño ancestral prohibido,
retorcido en una sacudida de deseo,
una vieja antorcha sin consumir,
con brazos huérfanos de calor,
sin alguien que los estreche.
Una espera contenida desbordándose,
la han quemado los años.

XXX

Los recuerdos se han ido desvaneciendo,
ni eso me resta ya,
se han evaporado de la memoria,
tu cara desdibujada, una sonrisa vaga,
la química voluble del ensueño,
la oscuridad ciñe con su silencio
a las espectrales imágenes danzantes,
sonámbulas de su propia vida,
ciegas al tacto de las miradas,
vuelven siempre a un punto exacto,
como si de un itinerario cierto se tratara,
sugestión de realidades pasadas.

XXXI

Poseo secas cicatrices sin restañar,
envueltas de una somnolencia tardía,
hechizos dentro de un sueño,
rutinarios despertares en la nada.
Su caminar posee una antigua cadencia
de pasos calmos, midiendo el terreno.
Mientras paseaba el horizonte,
un pálido incendio rojo lo iluminaba.
Niebla de algunas palabras imprecisas
corren por mi cerebro con prisa,
en un murmullo casi religioso.
Imágenes que no se quieren detener.

XXXII

Madejas de pensamientos incongruentes
me rodean, se arremolinan alrededor,
se deshacen al instante en la nada,
adonde nadie quiere caminar con ellos.
Paseo por senderos de un bosquecillo,
me acompañan los ensueños
a lo largo de una sucia vereda
de calles con edificios singulares,
sin flores, sin árboles de sombra.
Sopla un recio viento de invierno.
Un lugar espectral a cada paso.
Los recuerdos tiritaban de frío.

XXXIII

El sonido de mis propios pensamientos
se alejaban por familiares callejuelas.
Las imágenes parecían muy jóvenes,
costaba regresar al firme presente,
historia de un pasado cerrado.
Se encienden las luces de la realidad,
acto reflejo de frotar los ojos.
Desaparece en un instante la ensoñación,
de vuelta a la actualidad descarnada.
El hipnótico hechizo de la nostalgia
lograba disipar la actualidad.
Monólogo con punto y aparte.

XXXIV

Soñar entre las sombras y los recuerdos,
efluvios de antiguas primaveras.
Amaba aquellas tardes perfumadas.
Así como llegaste, te fuiste,
sin un adiós siquiera,
el azar no ha querido juntarnos,
aún me queman tus labios,
sus cenizas me impregnan,
es una cicatriz abierta todavía.
Tal vez nadie lo crea,
un céfiro enamorado lo alimenta,
no existe un después sin un antes.

XXXV

Pensé que había perdido tu rastro,
el pasado se encarga de alcanzarlo,
cuando te tiene ya no te suelta,
el tiempo juega siempre al escondite,
finge que nos has dejado atrás.
Error, nos va vigilando siempre,
observa oculto en los arbustos,
está en cualquier esquina, a tu espalda.
Las efusiones de la vida lo parapetan,
distraído te sigue sin cesar,
te enamora con recuerdos efímeros,
te ata a la vida con la esperanza.

XXXVI

El tiempo te va matando de a poco,
a veces simula esconderse,
te enseña a vivir en las incertidumbres,
no te permite asentar los dos pies en el suelo,
te mantiene en un calculado desequilibrio.
Una suerte de astucia informal,
achacada a la mala suerte,
inveterada fórmula de consuelo,
dirige nuestra duración vital.
Nuestros ciclos buenos y malos,
esperándonos a modo de estación Termini
nos señala la finalización del viaje.

XXXVII

El titán Crono, P. P. temporal de todos,
su mirada nos sigue a cada uno,
parece desentenderse en algunos trances,
siempre vuelve cual padre al hijo pródigo,
perdona la generosidad con que lo desperdiciamos,
la fortuna de tiempo legado a cada cual,
y es en la cara de los demás,
donde adivinamos nuestro dispendio,
rostros como bruñidos espejos
donde se refleja nuestro recorrido,
los ojos de los otros registran
el paso del tiempo en los nuestros.

XXXVIII

Los años pasados resultan ser un espejismo,
una ilusión muy frágil de contener,
a menudo nos resulta inverosímil,
el tiempo pasado nos disuelve en la nada,
lo vivido se desvanece en el aire,
los sueños son la ceniza de su combustión,
arrastrados por el céfiro del norte,
mece las hojas rojas y ocres del recuerdo,
anotando en el paisaje su impronta,
como si de un viejo baúl se tratara,
guardado celosamente en el trastero
de una vida llena de complicidades.

XXXIX

Queda siempre transitar el camino,
de los sueños de esa otra vida,
imaginaria, mucho más complaciente,
cercana a los secretos deseos,
la hora del sueño se acerca,
crean las expectativas de encuentros discretos,
deambulando en un remoto pasado,
en un presente irreconocible.

Cuadriculados de dulzura y misterio,
sensaciones reales de la memoria inconsciente,
imágenes confusas, a veces angustiosas,
regreso a algún paraíso perdido.

XL

La vida depara amarguras inesperadas,
las cosas a veces llegan,
cuando no se esperan o desean,
o se quieren de una manera distinta.
El anhelar con cierta insistencia
no es condición de su venida,
es grito silente a la nada.
Unos ojos fijos traspasando el tiempo,
de apariencia formal en el gesto,
de deseos secretos bien guardados
con disimulos y mentiras forzadas.
Semillas sepultadas que un día brotarán.

XLI

Los nombres ocultados al tiempo,
los ensueños los resguardan de su desaparición,
los esconde en una discreta caja de cartón,
en el polvoriento desván de los recuerdos.
Cada uno contiene una semilla,
un día se la riega con lágrimas de nostalgia,
al tiempo que se le pronuncia quedo,
germina bajo una espesa capa de silencio,
en una incondicional comunión,
con una benemérita sonrisa en los labios,
pensándolo antes de decirlo,
con íntimos deseos de volver a escucharlo.

XLII

Estaba absorto en el recuerdo de sus manos,
las recordaba con curiosidad y extrañeza,
lozanas, sin deformaciones por la edad,
finas, sedosas en su deambular
no avejentadas, no traslucían mancha alguna,
incipientes señales de edad las moteaban.
Mi mirada se reflejaba en el espejo,
ojos cansados, sin apenas parpadeo,
miran de forma fija a la nada.
La mirada transparente, de las mil millas,
mis sentidos calladamente asentían
desde el fondo impenetrable de otro tiempo.

XLIII

Cada día es más asidua a mis ensueños,
pasea como verificador de ellos.
Me acerco tímido, sin saber cómo abordarla,
torpe como en la desmañada adolescencia,
no conseguía mantenerle la mirada,
sin atreverme a acercarme,
mucho menos a besarla.
Movía sus labios sin decir palabra,
intuía sus frases, no las escuchaba,
estaba paralizado, sin hacer nada.
Una sensación extraña me invadía,
estar en un sueño y sentirlo real.

XLIV

Me pareció oír su voz en esta ilusión onírica,
no entendí bien sus quedas palabras,
un mortecino ruido perturbador lo impedía,
su timbre sonaba con su particular arrogancia,
con aire de obstinado desafío.
Su boca resaltaba nítidamente dibujada,
los labios lucían muy sensuales,
conservaban su frescura primaveral,
donde quise siempre libar su néctar.
Mi boca aún guarda su boceto,
su pelo alborotado sobre la cara
esconde el reflejo de unos ojos indomables.

XLV

Allí estaba petrificado frente a ella,
sus labios dibujaron una breve sonrisa,
estaba espléndida en el espacio sin tiempo,
a salvo del tiránico instante real.
Su voz aguardentosa seguía siendo la misma,
la podría reconocer entre otras mil,
su tono oscilaba entre el sarcasmo afilado
y la ternura envuelta en una carcajada.
Siempre me dejé atrapar por ella,
su forma expansiva de alegría,
te hacía sentir bien con el mundo,
no comprendías la existencia de la infelicidad.

XLVI

Aún hoy vuelvo la cara
si oigo una sonrisa como la de ella.
Espero encontrarla tras ese sonoro gesto,
mi cuerpo da un respingo involuntario
al percibir cerca su dulce fragancia,
levanto la cabeza de una sacudida,
mi olfato se ha inundado de su aroma.
Espero tropezar con su mirada juguetona.

No es ella, es mi inquieta memoria,
me traslada a un vaporoso pretérito,
espejismo de los sentidos, realidades paralelas,
ancladas sin remedio en el tiempo.

XLVII

Hoy me he preguntado en la oscuridad,
cuando aún las primeras luces
no iluminaban mi cansado insomnio,
¿qué importa todo esto ahora?
Mi empeño pueril en recordar,
débil hilo cortado por el olvido,
atado a tus ojos claros,
adornados de una feroz pasión,
de una persistente coquetería.
Al oír su nombre noto una punzada,
una agitación en mi cuerpo, un tamborileo
del corazón como antaño.

XLVIII

Demasiados años de recuerdos intermitentes,
ensueños furtivos en la noche,
memorias de textura variable,
azarosa como la del olvido.
Quien se marchó puede extraviar
con más facilidad sus recuerdos.
Lo pretérito desaparece de su retina,
los anclajes son más débiles,
no existen atajos en ese trance,
lo antiguo desprende su aroma,
olores a nostalgia de un pasado.
Vieja melodía que suena lejana.

XLIX

Sueños que pasáis sin murmullo.
Rizos que no voláis al viento.
A veces adivino tus pupilas de gata,
oscuras como una noche cerrada,
rumores de blanda espuma quebrándose
en un crepúsculo que cierra los ojos.
Tu cintura de niebla, adivino,
el silencio la custodia, distraído,
brazos de piedra la sostienen.
Resuena el trueno de tu voz
en las horas más profundas
de mis angustiadas pesadillas.

L

Besos de cera en la madrugada,
labios azules en la penumbra,
su girar melancólico es vano,
gimen pesarosos entre sombras,
cargados de grises fulgores.
El alba asoma ya
entre los rincones de la sala,
urge huir hacia la memoria,
escondite de la luz del día,
peligra el rezagado recuerdo.
Su imagen de oscuridad se desdibuja
con el lápiz del tiempo.

LI

Palpitaciones de la memoria.
Huye el ensueño sin rumbo.
Observo correr a las sombras,
son un soplo en movimiento,
como olas de un mar rizado.
Cabrilleos oníricos, vienen y van,
van y vienen sin cesar,
cabalgan sobre sus ondas,
crines de espuma blanca
estallan sus rizos en la orilla,
se van otra vez, vuelven a venir,
son el rumor de sus voces.

LII

Quien se fue, quien se ausentó,
olvida con alguna facilidad.
La memoria distante se desvanece,
el mundo queda anclado tras de sí.
No existe atajo que lo evite,
los recuerdos se destexturizan
con los colores de la melancolía.
Las luces del escenario se apagan,
pasan los años, las imágenes invocadas
parecen cosas apiladas en un anticuario
acumulan el polvo de las evocaciones
con la autoridad de adornos sin valor.

LIII

Existen evocaciones que guardan su brillo,
otros muchos no quedan descoloridos,
el tiempo los ha ajado por completo.
Tengo la vaga sensación que los míos
ocupan su lugar en esta segunda categoría.
Intento conservar su mirada cercana,
no consigo verlos con el fulgor original,
con el centelleo de aquellos momentos.
Sigo sintiendo su insistente presencia,
sombras fascinantes, siempre permanecen,
forman parte indisoluble de la noche,
impregnan el silencio con sus voces.

LIV

Aún hoy guardo una inmensa deuda
con aquellos nuestros recuerdos.
Siento gran afecto por todos ellos,
más poderosos que el duro olvido,
sus imágenes son ya cenizas,
polvo grisáceo moteado de siluetas.
El paso del cruel tiempo
los ha vuelto bastante toscos.
A veces quieren hablarme con familiaridad,
emiten sonidos casi inaudibles,
me esfuerzo en prestarles atención.
Su lejanía los hace intangibles.

LV

Sucede algunas veces, en las horas
de soledad provocada ocurren cosas.
Las miro con la distancia de un extraño,
me invade en esos momentos
una verdadera sensación de clandestinidad.
Me aturde el papel de observador,
un verdadero extraño de mí mismo.
Percepciones asombrosas, mezcladas de melancolía.
Recupero alguna de las imágenes
cegadas en el fondo de mi retina.
Me veo allí con ella.
También me veo sin ella.

LVI

El cansancio cierra mis ojos.
Veo tu mirada, esos ojos luminosos
me sonríen antes de apagarse.
La observo desde la distancia,
la que otorgan los recuerdos
deshabitados a estas horas del amanecer,
desasistidos por la somnolencia,
una forma de pereza de la nada
nutre el pensamiento silencioso.
Escrutinios de miradas solemnes,
en constante alerta en plena modorra.
Defensas contra las contrariedades reales.

LVII

Se hizo el silencio en mi mente.
La voz interna daba una tregua,
parecía no encontrar argumentos,
estaba a merced de la cotidianeidad.
Un estado de alerta pasivo,
un aviso a las muchas servidumbres
de las agudas observaciones del sosiego.
Actitud prudente ante el delirio,
como quien mira absorto un reloj,
el movimiento de unas simples manecillas,
sin interferir en la ruidosa soledad,
tan prolongada como la misma muerte.

LVIII

La calma se volvió más densa,
la envolvía una espera sin pausa,
buscaba aliviarse de su peso.
El silencio ocupaba todo el espacio,
no había señales de poder romperlo.
El aire rezumaba pesadez de eternidad,
inquietud invisible para los sentidos,
monstruo de enormes tentáculos rampantes,
agazapado a la espera de su momento,
con un miedo ancestral a despertarse,
a romper el espeso ensueño.
Volver al lodo de la vigilia.

LVIX

Hubiese asegurado que estaba despierto.
Mi pensamiento permanece mudo,
me asalta una duda inquietante,
veo y oigo claro a mi alrededor.
Sospecho de los detalles precisos,
una realidad demasiado irreal,
esbozos sucesivos de un relato inacabado,
situaciones en lugares conocidos,
Y, otros, en sitios irreconocibles.
Permanezco en un vago presente,
como si hubiese sido dibujado
un trazo tan lúcido como hermoso.

LX

Te observo desde mi duermevela,
leo la expresión de tu cara,
especulo sobre tus pensamientos.
Cuando te aproximas a mí,
me fijo en las señales de tus ojos.
Me sostienes la mirada,
acompasamos un íntimo deseo,
los labios contienen tu sonrisa,
soslayan los periodos de ausencias,
como si nos hubiésemos visto ayer.
Te señalo un paraíso azul,
y nos envolvemos en él.

LXI

Los anhelos fijados en imágenes oníricas
transforman el tiempo, lo detienen,
lo aceleran, son eternidades instantáneas.
La realidad se acompleja,
extravía su condición pétrea.
Las leyes de la física se relajan,
pierden su infalible jurisdicción,
abandonan los paisajes cristalinos,
los horizontes dorados de fantasías,
sus juegos de luces son difusos,
translúcidos como gotas de ámbar
fósiles con aroma propio.

LXII

Ensueños recurrentes, películas de culto
capaces de atrapar nuestros deseos.
Ese espíritu que nos mueve,
nos envuelve en esquizofrénicas imágenes,
donde se entremezclan soledades,
la propia mitomanía imaginada,
envuelta en imperfecciones y asimetrías,
antesalas de cualquier ausencia,
Los ojos vidriosos se muestran,
en ellos se dibuja la tristeza
dentro de un mundo solitario
aunque duermas en un abrazo.

LXIII

Mis caóticas narraciones oníricas
crecen desordenadas en mi imaginación;
son fantasías inabarcables,
los recovecos donde esconderse
no conocen límites explorables,
tantos como puertas de huida,
generan una soledad compartida
entre los muchos torrentes de imágenes,
un cúmulo de sensaciones inconexas,
una suerte de espiral de delirios,
historias que me llevan a lugares
inesperados, otros desconocidos.

LXIV

Del transparente manantial de la fantasía,
bebe insaciable el ensueño
turbulentas aguas empujadas,
por el secreto deseo del otro.
Innegable sed de pasión,
atizar la emoción que se fue,
salpimentar la nostalgia.
Es la última forma de amor
que nos concede el tiempo,
una salida al tedio solitario,
abre la caja de Pandora,
de su contenido nadie está a salvo.

LXV

Lo fácil es soñar con alguien.
Lo difícil, despertarse a su lado.
La realidad tiene otras prioridades,
el embrujo se resiste a quedarse,
el sortilegio de lo onírico,
su magia desaparece con el despertar.
Un chasquido secreto al amanecer.
Todo lo cambia, los olores
se desvanecen al instante,
la luz del día es diferente.
Todo sigue como la noche anterior.
Lo imprevisible hace acto de presencia.

LXVI

Soñaba que dormías a mi lado,
creí ver una blanca noche.
Cuando cerraste tus ojos,
te observaba en silencio,
pensé en participar de tu almohada,
quizá así compartiríamos ensueños.,
Me gustaría logarlo,
evocar unos despertares juntos,
nunca logré imaginar dos iguales,
El mundo onírico conspira para ello,
difumina las historias ensoñadas,
la madrugada la destruye en su luz.

LXVII

El ensueño muere con el fulgor,
el testimonio onírico sobrevive,
necesita su conservación.
Su existencia brumosa lo acompaña,
una vivencia frágil, tenue,
necesaria para reivindicarse.
Nada de recuerdos vividos,
son experiencias reales,
inoculación contra el olvido,
vacuna resignada a la distancia,
con verdadero pavor al extravío.
Un refugio donde sobrevivir a la nada.

LXVIII

Los ensueños recurrentes buscan
recuperar unos instantes de deseo,
rescatar imágenes extraviadas,
resucitar sombras temerosas,
volver a vivir dulces momentos,
poder ensanchar la experiencia,
de un encuentro calculado,
una real ficción imaginativa,
siempre viva en la memoria,
conducente a la confluencia
de lo que se quiere,
distinto a lo que ocurre.

LXIX

Quizá el sueño sea un cielo
contenido en las propias soledades,
inmersión en un espacio ficticio
para permanecer atado a la realidad,
cordón umbilical con la imaginación
donde vivir amañadas expectativas,
narraciones elaboradas de ausencias
son unas complicidades únicas,
simple contemplación desde fuera,
imágenes convulsas se desenvuelven
cada vez con menos detalles
van contigo al siguiente ensueño.

LXX

Lloraba en los brazos de mi ensueño,
temblaba todo su cuerpo,
tamborileaba el sonido de su corazón,
una violenta pasión compartida.
Jugar a imaginar que no sucede,
afirmar con más rotundidad,
el espacio ficticio construido,
lugar donde se experimenta,
un sitio donde volver,
una narración que descarrila,
aleteo confuso de expresiones,
una historia que se desparrama.

LXXI

Los sueños recurrentes de los dos
son una vieja melodía de *jazz*
improvisada con nuevas variaciones
inesperadas, algunas extravagantes.
Entramos y salimos de sus acordes,
lo previsible acaba no siéndolo,
distracciones e interferencias lo trufan,
transformándolo en la historia de un caos,
en nubes de humo desgajándose sin cesar.
Recuerdos de imágenes sin sentido,
encalladas como naves abandonadas.
Torre de una iglesia en un pantano.

LXXII

Los sueños rastrean, sin descanso,
una geografía particular donde ubicarse,
un lugar sagrado de recogimiento
donde poder vencer al olvido,
un vasto universo de ficción
donde reina una extraña felicidad,
con cierta picazón a infelicidad,
donde el azar no participa
ni a favor ni en contra,
donde vivir perturbadoras experiencias,
unas fascinantes, otras dolorosas.
El pasado siempre vuelve ebrio de soledad.

LXXIII

Los recuerdos son las cenizas del tiempo,
solo eso, pavesas sin vida propia,
reliquias de lo no dicho,
vestigios de los que quedó por sentir,
todo aquello que no triunfó,
los años lo diluyen como un azucarillo.
Quizá pensamos en desandar caminos,
tal vez, que los nuestros se cruzarán de nuevo,
pero la vida no funciona así, mira adelante.
Nos faltó audacia, carecimos de suerte,
la añoranza se convierte en melancolía,
Si no tengo el fulgor de tu mirada.

LXXIV

Cerré los ojos en el viejo café del parque,
sin buscarlo, tropecé con tu recuerdo,
no tuve ocasión ni ganas de esquivarlo.
Al instante me ganó la nostalgia,
Volví a aquellos lugares, sabores, colores,
percepciones que aún te evocan,
como tu aroma más íntimo.
He descubierto tarde que el tiempo
y el olvido están de tu lado.
Sigo andando y desandando caminos.
Un día cualquiera me habré ido,
te quedarás con tu tiempo y mi olvido.

LXXV

Los ensueños nos hablan al oído,
un eco de dolor sin tiempo.
Escucho cómo me chistan,
pongo mucha atención al silencio.
El viento golpea la ventana,
me recuerda cosas que fueron,
lugares que aún permanecen,
evocaciones que nunca existieron,
quizá quisieron ser, tal vez no pudieron.
La vida continúa, no se detiene,
las horas vagan sin derrotero,
guardan las cicatrices de tu recuerdo.

LXXVI

En el cielo azul de tus ojos,
donde viven mis sueños,
un beso aún me atormenta.
No me consuela el recuerdo,
su evocación me angustia,
sus labios tatuaron en mí,
un sabor dulzón a verano.
El tintineo de una sonrisa burlona,
correteando cruel por la playa,
con sus delgados pies chapoteando,
la espuma de las agotadas olas
bajo el fulgor de sus pupilas.

LXXVII

Existen recuerdos que buscan olvidos,
nuestros nombres escritos en las paredes
de aquellas calles donde no estuvimos,
puertas donde no nos refugiamos
de sonrisas sin dedicatoria,
gestos de un simple instante
eternizados por alguna retina,
retazos de veladas imágenes.

La vida continuará su periplo,
sin tu sonrisa, sin tu voz,
quedarán los ecos de nuestras locuras,
grises cenizas de nuestros instintos.

LXXVIII

Cuando todo haya pasado,
vendrá solícito el recuerdo.
Entonces ocurrirá un reverdecer,
libar la copa dulce de la nostalgia,
por lo dejado de sentir,
por lo que no quisimos sentir,
quizá no pudimos, quién sabe.

Y cuando ese día olvidado
nos vuelva a juntar,
en cualquier sitio, sin protocolos,
nos miraremos con sorpresa,
tal vez no sepamos qué decirnos.

LXXIX

Un día cualquiera coincidiremos,
tal vez dudemos qué hacer,
si darnos un beso, un abrazo;
que estamos mejor que nunca;
que los años nos han sentado genial.
Nos diremos que no hemos cambiado,
será otra mentira sincera.
Nos preguntaremos por la familia,
y cuando nos alejemos por la calle,
después de un beso de despedida,
y de un tenemos que volvernos a ver,
sabremos que ha comenzado el olvido.

LXXX

Dispersos en el céfiro norte,
mis pobres versos, con la esperanza
de que te los avente a tu ventana,
los respires, los suspires y los evoques.
Entonces, no permitas su extravío,
enciérralos en un cofre, tira la llave,
sepúltalos en un sitio secreto,
escóndelos al despiadado olvido,
para que el tiempo y los recuerdos
no rebusquen, no indaguen su paradero,
no vaya a ser que un día,
un corazón dolorido averigüe lo nuestro.

ÍNDICE